사회통합프로그램(KIIP)

한국사회 이해

• • ◆ 기초 탐구활동 ◆ • •

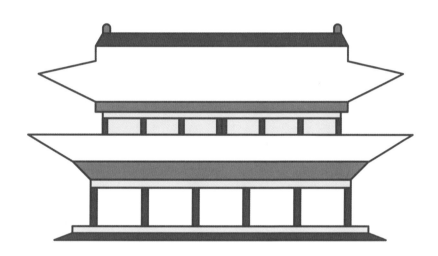

기획 법무부 출입국·외국인정책본부

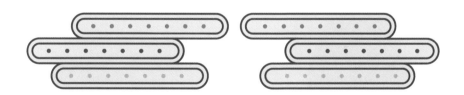

박영
story

발간사

우리나라는 6·25전쟁 이후 한동안 전쟁과 높은 실업률, 지정학적 리스크 등으로 인해 다른 나라로 이주를 가던 나라였으나, 1970년대부터 '한강의 기적'으로 불릴 만큼 단기간에 비약적인 경제성장을 이루게 되면서 어느덧 세계 10대 경제대국의 반열에 이르게 되었고, 이제는 많은 사람들이 이민을 오는 나라가 되어, 현재 국내 체류외국인이 250만 명을 넘어서고 있습니다.

더욱이 저출산·고령사회로 급속하게 진입하면서 지난해 우리나라의 합계출산율은 0.72명에 그쳐 역대 최저치를 기록하는 등 저출산과 고령화로 인한 인구문제, 생산동력 상실, 국가소멸의 위기 상황에 직면하게 되면서 이민정책의 획기적인 전환이 필요한 시점이 되었습니다.

그간 법무부는 이민정책을 총괄하는 부처로서 우리나라에 정착한 외국인이 우리 사회의 구성원으로서 적응·자립할 수 있도록 지원하고, 국민과 서로 상생하며 공존할 수 있도록 하는 것이 무엇보다 중요하다고 생각하여 '체계적인 이민통합 정책'을 추진해 왔습니다.

특히, 2009년부터 시작된 '사회통합프로그램'은 한국어, 한국문화, 한국사회 이해 교육을 통해 이민자가 갖추어야 할 필수적인 기본소양을 체계적으로 함양할 수 있도록 함으로써 사회통합 교육의 가장 핵심적인 역할을 수행해 왔습니다.

시행 첫해인 2009년에 1,331명이 '사회통합프로그램'에 참여하였으며, 코로나로 인해 잠시 주춤했던 시기를 제외하면 매년 증가하다가 엔데믹을 선언한 지난 해에는 58,028명이 참여하여 역대 최다 인원을 기록하기도 하였습니다. 이러한 추세에 비추어 볼 때 외국인 근로자, 유학생, 재외동포 등 참여대상이 확대되고 있는 점을 감안한다면 교육수요는 계속 증가할 것으로 예상됩니다.

이러한 시기에 새롭게 발간되는 사회통합프로그램 교재와 교사용 지도서는 더욱 중요한 의미가 있으며, 이민자들이 이러한 교재들을 널리 활용하여 한국사회에 대한 이해를 높이고, 더욱 더 우리나라에 잘 적응할 수 있는 마중물이 되었으면 하는 바람입니다.

끝으로 교재 발간에 도움을 주신 경인교육대학교 설규주 교수님을 비롯한 산학협력단 연구진과 출판에 도움을 주신 피와이메이트 노현 대표님 등 관계자 분들께 감사드리며, 앞으로도 법무부는 이민자의 안정적인 정착 지원과 사회통합을 위해 노력하겠습니다.

법무부 출입국·외국인정책본부장

이 재 유

일러두기

'사회통합프로그램[KIIP]을 위한 한국사회 이해 탐구활동'은 사회통합프로그램에 참여하는 학습자가 한국사회에 대한 이해 및 한국사회 구성원으로서 지녀야 할 기본 소양과 자질에 대해 배운 내용을 자기주도적으로 학습하기 위한 목적으로 제작되었다.

탐구활동은 '사회통합프로그램[KIIP]을 위한 한국사회 이해(기초)' 24개 단원에 맞춰 학습자의 수준을 고려하여 형성평가, 구술형, 문장 완성형, 서술형 평가로 구성되어 있다.

형성평가에서는 각 단원에서 배운 내용을 객관식, 빈 칸 채우기, 연결 짓기 문항을 통해 확인할 수 있도록 하였다. 학습자의 한국어 수준을 고려하여 구술형 평가에서는 학습자의 한국어 수준을 고려하여 각 단원과 관련된 사진이나 삽화를 보며 자신의 생각 및 경험을 이야기할 수 있는 질문을 제시하고 핵심 내용을 스스로 정리해 볼 수 있도록 하였다. 문장 완성형 평가에서는 각 단원에서 중요한 키워드를 찾아 문장을 완성해 볼 수 있도록 하였고, 서술형 평가에서는 자신의 경험과 의견을 바탕으로 직접 글을 작성해 볼 수 있도록 하였다.

구성과 특징

형성평가 [기초1·2]
각 단원마다 객관식, 빈칸 채우기, 연결 짓기 등의 형식으로 7개 문항을 제시하였다.

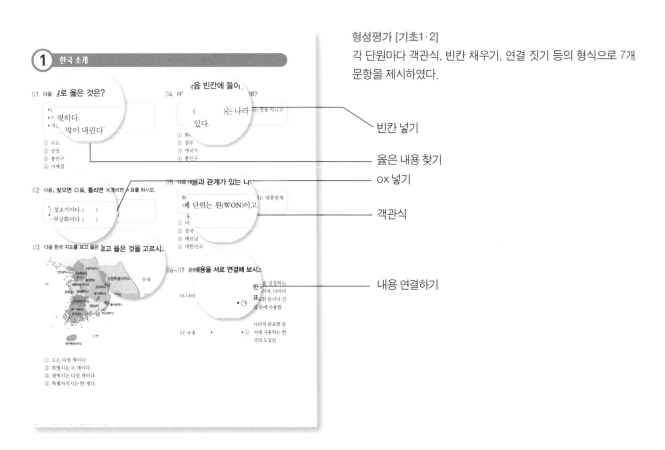

— 빈칸 넣기

— 옳은 내용 찾기

— OX 넣기

— 객관식

— 내용 연결하기

구술형 평가 [기초1·2]

각 단원과 연관되어 있는 사진이나 삽화를 보고 학습자가 직접 말해 볼 수 있도록 구성하였다. 이미지와 관련된 내용을 정리하거나 종합하여 답할 수 있는 질문, 자신의 생각을 정리하여 자유롭게 말해 볼 수 있는 질문, 자신의 고향 나라와 한국을 비교해 볼 수 있는 내용 등으로 이루어져 있다.

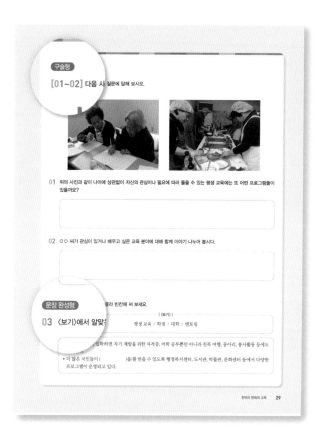

문장 완성형 평가 [기초1]

각 단원에서 중요한 키워드를 〈보기〉에서 찾아 문장을 완성해 볼 수 있도록 구성하였다.

서술형 평가 [기초2]

각 단원에서 배운 내용 및 자신의 경험과 의견을 바탕으로 직접 글을 작성해 볼 수 있도록 구성하였다.

차례

제1편
한국사회 이해(기초1)

제 2 편

한국사회 이해(기초2)

한국사회 이해(기초1)

제1부
한국사회 이모저모

01 한국에 대한 설명으로 다음 빈칸에 들어갈 말로 옳은 것은?

> • (   )이/가 뚜렷하다.
> • 여름에는 덥고 비가 많이 내린다.
> • 겨울에는 춥고 건조하다.

① 수도
② 상징
③ 총인구
④ 사계절

02 다음 설명의 내용이 맞으면 ○표, 틀리면 ×표를 하시오.

> • 한국의 국기는 성조기이다. (   )
> • 한국의 국화는 무궁화이다. (   )

03 다음 한국 지도를 보고 옳은 것을 고르시오.

① 도는 다섯 개이다.
② 특별시는 두 개이다.
③ 광역시는 다섯 개이다.
④ 특별자치시는 한 개다.

04 다음 빈칸에 들어갈 내용으로 옳은 것은?

> (   )는 나라를 사랑하는 노래라는 뜻을 지니고 있다.

① 화폐
② 정부
③ 애국가
④ 총인구

05 다음 내용과 관계가 있는 나라는?

> 화폐 단위는 원(WON)이고, 정부 형태는 대통령제이다.

① 미국
② 중국
③ 베트남
④ 대한민국

06~07 관련 있는 내용을 서로 연결해 보시오.

06 나라 문장 •

• ㉠ 한국을 상징하는 표시이며, 나라의 중요한 문서나 건물 등에 사용함

07 국새 •

• ㉡ 나라의 중요한 문서에 사용하는 한국의 도장임

[01~02] 다음 사진을 보고 질문에 답해 보시오.

01 사람들 뒤에 무엇이 있나요? 이것에 대해 설명해 보세요.

02 OO 씨의 고향 나라의 국화는 무엇인가요? 그것의 특징과 의미에 대해 설명해 보세요.

문장 완성형

03 〈보기〉에서 알맞은 것을 골라 빈칸에 써 보세요.

─── | 〈보기〉 | ───

상징 / 국새 / 노인 / 기후

- 무궁화, 애국가, 나라 문장 등은 한국의 (   )이다.
- 세계와 한국은 앞으로 (   ) 인구가 증가할 것으로 예상된다.

01 다음 빈칸에 들어갈 말로 옳은 것은?

> 한국의 대표적인 (   )은/는 철도와 버스이다.

① 마일리지
② 대중교통
③ 이용 요금
④ 통신 수단

02 다음 설명의 내용이 맞으면 ○표, 틀리면 ×표를 하시오.

> • 한국의 고속철도는 국토의 동서남북을 연결한다.
> (   )
> • 3~9세는 인터넷을 거의 이용하지 않는다. (   )

03 다음 사진을 보고 옳은 것을 고르시오.

① 택시 요금을 알 수 있다.
② 기차표 예매 상황을 알 수 있다.
③ 지하철 출발 시간을 알 수 있다.
④ 버스 도착 예정 시간을 알 수 있다.

04 다음 빈칸에 들어갈 내용으로 옳은 것은?

> (   )으로/로 청첩장, 축의금, 용돈 등을 보낼 수 있고, 각종 공연이나 식당 등도 빠르고 편리하게 예매할 수 있다.

① 사진   ② 영상
③ 유튜브   ④ 모바일

05 한국의 통신에 대한 설명으로 옳지 않은 것은?

① 모바일로 청첩장을 보내기도 한다.
② 모바일 인터넷 사용이 증가하고 있다.
③ 연령별 인터넷 이용률은 70대가 가장 높다.
④ 코로나19 이후로 비대면 회의가 늘어나고 있다.

06~07 관련 있는 내용을 서로 연결해 보시오.

06 교통카드 •

• ㉠ 버스에서 인터넷을 검색하거나 동영상을 시청할 때 이용할 수 있음

07 공공 와이파이 •

• ㉡ 원하는 금액을 미리 충전하거나 이용한 금액만큼 나중에 결제할 수 있음

[01~02] 다음 사진을 보고 질문에 답해 보시오.

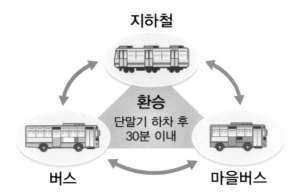

지하철

환승
단말기 하차 후
30분 이내

버스　　　**마을버스**

01　이 그림은 무엇을 설명하고 있나요? 이것을 하면 무엇이 좋은가요?

02　OO 씨의 고향 나라에서 사람들이 많이 이용하는 대중교통은 무엇인가요? 소개해 보세요.

03　〈보기〉에서 알맞은 것을 골라 빈칸에 써 보세요.

──────| 〈보기〉 |──────

마을버스 / 고속 철도 / 태블릿 PC / 인터넷

- 주요 도시가 (　　　　　)으로/로 연결되어 있어 빠르게 이동할 수 있다.
- 한국 국민 10명 중 9명 이상이 컴퓨터나 스마트폰으로 (　　　　　)을/를 이용하고 있다.

01 다음 빈칸에 들어갈 말로 옳은 것은?

> 한국에서는 1차 병원 방문 후에 병이 낫지 않거나 정밀 검사가 필요할 때는 3차 병원인 (   )에 찾아간다.

① 의원
② 보건소
③ 편의점
④ 대학 병원

02 다음 설명의 내용이 맞으면 ○표, 틀리면 ×표를 하시오.

> • 한국의 한의원에서는 약을 처방받을 수 없다.
> (   )
>
> • 한국에서 6개월 이상 체류하는 외국인은 국민 건강 보험에 가입해야 한다. (   )

03 아래 사진의 약과 관계있는 유의사항이 <u>아닌</u> 것은?

① 약을 먹는 방법과 양을 확인한다.
② 아이들의 손이 닿지 않는 곳에 보관한다.
③ 구입 전에 반드시 처방전을 준비해야 한다.
④ 12세 미만 어린이 혼자서는 구매할 수 없다.

04 다음 빈칸에 들어갈 내용으로 옳은 것은?

> 한국에서는 (   )이라는/라는 누리집을 통해 국민에게 재난 정보를 제공하고 있다.

① 안전디딤돌
② 안전신문고
③ 건강보험공단
④ 국민재난안전포털

05 다음 내용과 관계가 있는 것은?

> 접수 → 진료 → 수납 → 약국 방문

① 공공장소
② 복지센터
③ 대중교통
④ 의료기관

06~07 관련 있는 내용을 서로 연결해 보시오.

06 관광 경찰 •   • ㉠ 경찰 외에 지역 주민들이 지역의 범죄 예방을 위해 활동

07 자율 방범대 •   • ㉡ 한국을 찾은 외국인 관광객의 안전과 편의 제공

[01~02] 다음 사진을 보고 질문에 답해 보시오.

올해도 건강 검진 하세요!

영유아기 (0~5세)	학령기 (9~18세)	성인/노년기 (20세 이상)
영유아 건강 검진	학교 밖 청소년 건강 검진	일반 건강 검진
		국가 암 검진

01 이 그림은 무엇에 대해 설명하고 있나요? 이것을 하면 무엇이 좋은가요?

02 OO 씨는 건강을 위해서 무엇을 하고 있나요? 그것을 하면 무엇이 좋은가요?

03 〈보기〉에서 알맞은 것을 골라 빈칸에 써 보세요.

───── | 〈보기〉 | ─────

위치와 내용 / 안전 신문고 / 안전 위험 요인

(   ) 앱에서 신고하는 방법은 다음과 같다. 먼저 앱을 열고(   )을/를 촬영한다. 촬영이 끝나면 (   )을/를 입력한 후에 제출한다. 이렇게 신고를 하면 사고를 예방할 수 있다.

01 다음 빈칸에 들어갈 말로 옳은 것은?

> 한국은 국민 모두의 (   )을 위해 여러 가지 복지 정책을 실시하고 있다.

① 행복한 삶
② 높은 소득
③ 아동 수당
④ 한국 생활 적응

02 다음 설명의 내용이 맞으면 O표, 틀리면 X표를 하시오.

> • 한국에서 근로자가 직장을 잃게 되면 나라에서 일정한 돈을 지원한다. (   )
>
> • 한국에서 나이가 들어 일을 하지 못하면 나라에서 생활비를 지원받을 수 없다. (   )

03 위급한 질병이나 부상으로 생활이 어려울 때 받을 수 있는 지원으로 옳은 것은?

① 근로 장학금
② 긴급치료지원
③ 국가 예방 접종
④ 언어 발달 지원

04 다음 빈칸에 들어갈 내용으로 옳은 것은?

> 한국에서는 건강보험증이 없는 외국인 근로자도 큰 병에 걸리거나 다쳤을 때 (   )을/를 신청할 수 있다.

① 범죄 신고
② 의료 지원
③ 행복 주택
④ 안전신문고

05 다음 내용과 관계가 있는 것은?

> 어린이 국가 예방 접종, 지역 아동 센터 지원, 행복 주택 공급, 치매 치료 관리비 지원

① 청년 복지정책
② 응급 안전 알림
③ 외국인 지원 서비스
④ 생애 주기별 복지정책

06~07 관련 있는 내용을 서로 연결해 보시오.

06 아동기·청소년기 •   • ㉠ 방과 후 초등 돌봄 교실

07 청년기·장년기 •   • ㉡ 대학생 근로 장학금 지원

[01~02] 다음 사진을 보고 질문에 답해 보시오.

01 이 그림은 무엇에 대해 설명하고 있나요? 이것을 하면 무엇이 좋은가요?

02 여러분은 하이코리아에서 무엇을 했나요? 그것은 어땠나요?

03 〈보기〉에서 알맞은 것을 골라 빈칸에 써 보세요.

| 〈보기〉 |

자녀 / 의료 기관 / 진료비

외국인 근로자 등을 위한 의료 지원 사업에서 외국인 근로자와 그 (   )은/는 1회당 500만 원 안에서 입원에서 퇴원까지 발생한 (   )을/를 지원받을 수 있다. 의료 지원은 각 시도에서 정한 (   )에 신청하면 된다.

제2부

한국의 문화와 교육

01 다음 빈칸에 공통으로 들어갈 알맞은 말은?

> 한국의 (   )은/는 트로트, 록, 발라드, 댄스, 힙합 등 다양하다. 디지털 음원 시장이 커지고 인터넷이 발달하면서 한국의 (   )은/는 한국인뿐 아니라 수많은 세계인이 함께 즐기고 있다.

① 드라마 ② 영화
③ 스포츠 ④ 대중음악

02 다음 설명 중 맞으면 ○표, 틀리면 ×표를 하시오.

- 2000년대 이후 다국적 구성원의 아이돌 그룹이 세계적인 인기를 얻게 되었다. (   )
- 한국 사람들은 봄부터 가을까지는 프로 농구와 배구 관람을 많이 한다. (   )

03 다음 사진과 가장 관련된 것으로 옳은 것은?

① 드라마 ② 영화
③ 스포츠 ④ 대중음악

04 다음 내용과 관련이 있는 것은?

> 아시아를 중심으로 한국의 대중음악과 드라마가 인기를 끌었던 것을 시작으로 음식, 패션, 웹툰, 영화, 화장품 등 다양한 한국 문화가 아시아를 넘어 전세계에 알려지고 사랑받는 현상

① K-POP ② 한류
③ 대중문화 ④ 전통문화

05 한국의 문화와 관련한 설명으로 옳지 <u>않은</u> 것은?

① 한국 사람들은 스포츠 관람을 즐긴다.
② 한류가 유행하는 범위는 점차 축소되고 있다.
③ 한국의 문화가 해외에서 유행하는 것을 한류라고 한다.
④ 인천국제공항에서는 한국을 방문하는 외국인 방문객을 위한 다양한 행사를 운영한다.

06~07 관련 있는 내용을 서로 연결해 보시오.

06 프로 야구 • • ㉠ 봄부터 가을

07 한류의 확대 • • ㉡ 국악, 한복, 한글

[01~02] 다음 사진을 보고 질문에 답해 보시오.

　최근 한국 드라마에 나오는 '치킨과 맥주', '김밥', '자장면', '칼국수' 같은 음식이 인기를 끌고 있습니다. 드라마에서 보여준 요리 방법이나 음식들 때문에 한국 음식을 맛보고 싶어 하는 태국 사람들이 많아져서, 태국에서 한국 음식점이 더 많이 생겼습니다.

01 한국 드라마나 영화, 예능에서 본 한국 음식 중에서 기억에 남는 것이 있나요?

---

02 ○○ 씨가 첫 번째로 먹어 본 한국 음식은 무엇이었나요? 그 경험은 어떠했나요?

---

03 〈보기〉에서 알맞은 것을 골라 빈칸에 써 보세요.

〈보기〉
영화 / 웹툰 / 드라마 / 패션

- 명절 등의 휴일이나 주말 무렵 새로운 (　　　　)이/가 개봉되고, 그에 맞추어 많은 관객이 영화관을 찾는다.
- TV에서는 여러 채널을 통해 다양한 소재의 (　　　　)이/가 방영된다.

01 다음 빈칸에 공통으로 들어갈 알맞은 말은?

> 한국인은 일을 하고 남는 시간에 주로 TV 시청, 인터넷, 대화, 산책, 게임 등을 하며 (   )시간을 보낸다. 최근에는 일과 삶의 균형을 중요하게 생각하는 사람이 늘어나면서 (   )의 중요성이 더욱 높아지고 있다.

① 퇴근　　　　　　② 여가
③ 출근　　　　　　④ 축제

02 다음 설명 중 맞으면 ○표, 틀리면 ×표를 하시오.

> • 한국에서 가장 무더운 시기인 7월과 8월에는 많은 한국인이 일상에서 벗어나 국내나 해외로 휴가를 떠난다. (   )
>
> • 한국 사람들은 겨울철 휴가지로 바닷가를 많이 찾는다. (   )

03 다음 사진과 가장 관련된 것으로 옳은 것은?

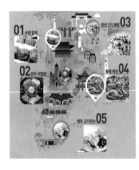

① 캠핑　　　　　　② 단풍놀이
③ 시티 투어　　　　④ 지역별 대표 음식

04 다음 내용과 관련이 있는 것은?

> 원하는 코스의 이용권을 구매하여 버스를 타고 이동하면서 그 지역의 유명한 장소와 먹거리를 동시에 즐길 수 있다.

① 오토 캠핑　　　　② 시티 투어
③ 계절별 축제　　　④ 온라인 전시회

05 한국의 즐길 거리에 대한 설명으로 옳지 <u>않은</u> 것은?

① 제주 동백 축제는 여름에 열린다.
② 한국 사람들은 봄철에 꽃놀이를 즐긴다.
③ 지역별 대표 음식을 고속도로 휴게소에서 즐길 수 있다.
④ 한국은 삼면이 바다로 둘러싸여 있고, 산지가 많으며 사계절이 있어 1년 내내 즐길 거리가 많다.

06~07 관련 있는 내용을 서로 연결해 보시오.

06 충북 속리산 단풍축제　•　　　•㉠ 봄

07 여의도 벚꽃 축제　　•　　　•㉡ 가을

[01~02] 다음 사진을 보고 질문에 답해 보시오.

01 위의 두 사진은 어떤 장면을 나타내고 있나요?

02 ○○ 씨가 지금 살고 있는 곳에는 어떤 지역 축제가 있는지 찾아보고, 축제가 열리는 시기를 알아봅시다.

03 〈보기〉에서 알맞은 것을 골라 빈칸에 써 보세요.

〈보기〉
해수욕 / 꽃놀이 / 싼 / 비싼

- 한국 사람들은 봄에는 (   )을/를 즐기고 여름에는 산과 바다로 휴가를 떠난다.
- 여름철에는 많은 사람들이 휴가를 떠나기 때문에 이 시기에는 항공료와 숙박비가 다른 때보다 (   ) 편이다.

01 다음 빈칸에 공통으로 들어갈 알맞은 말은?

> 아이의 나이가 6세가 되면 (　　　　)에 입학한다. 국적이나 체류 자격에 관계없이 누구나 입학이 가능하다. (　　)에서는 기초적인 학습 능력과 올바른 생활 습관을 기르는 것을 목표로 한다.

① 초등학교 　　　　② 중학교
③ 고등학교 　　　　④ 대학교

02 다음 설명 중 맞으면 ○표, 틀리면 ×표를 하시오.

> • 어린이집과 유치원은 초등학교 입학 전의 아이들을 돌보고 교육하는 곳이다. (　　)
>
> • 정부는 '평가인증제도'를 통해 어린이집의 질을 관리한다. (　　)

03 다음 사진과 가장 관련된 것으로 옳은 것은?

① 유치원 　　　　② 어린이집
③ 초등학교 　　　　④ 고등학교

04 다음 내용과 관련이 있는 것은?

> 한국의 학교에는 1년에 2개 학기가 있는데, 학기를 마치고 다음 학기가 시작하기 전에 학교를 가지 않는 기간이 있다.

① 시험 　　　　② 방학
③ 휴가 　　　　④ 돌봄

05 한국의 보육과 교육에 대한 설명으로 옳지 <u>않은</u> 것은?

① 어린이집과 유치원은 초등학교 입학 전의 아이들을 돌보고 교육하는 곳이다.
② 한국에서는 양육에 대한 부담을 줄이기 위해 여러 가지 보육 서비스를 제공한다.
③ 유치원부터 초등학교까지는 의무 교육으로 모두가 반드시 교육받아야 하는 기간이다.
④ 중학교 과정을 마친 학생은 고등학교에 진학한다.

06~07 관련 있는 내용을 서로 연결해 보시오.

06 유아 학비 •
　　　　　　　• ㉠ 어린이집, 유치원을 이용하지 않는 어린이에 대한 수당 지원

07 양육 수당 •
　　　　　　　• ㉡ 유치원을 이용하는 어린이의 교육비 지원

구술형

[01~02] 다음 사진을 보고 물음에 답해봅시다.

01 위의 사진과 같은 다문화 유치원에서는 어떤 교육이 이루어지나요?

02 ○○ 씨가 지금 살고 있는 지역에서 운영하는 다문화 유치원이 있는지 알아봅시다.

문장 완성형

03 〈보기〉에서 알맞은 것을 골라 빈칸에 써 보세요.

————| 〈보기〉 |————

돌봄 / 중학교 / 누리 과정 / 자유학년제

- 초등학교를 졸업하면 대부분 집에서 가까운 (   )으로/로 진학한다.
- 3세부터 5세까지는 어린이집과 유치원 구분 없이 (   )이라는/라는 공통 교육 과정을 운영한다.

01 다음 빈칸에 공통으로 들어갈 알맞은 말은?

( )은/는 한국의 최고 교육 기관이다. ( )에 진학한 학생은 전공 공부를 하며, 실용적이고 전문적인 기술을 배우는 전문 ( )에 진학할 수도 있다.

① 대학
② 중학교
③ 유치원
④ 국가평생교육진흥원

02 다음 설명 중 맞으면 ○표, 틀리면 ×표를 하시오.

• 한국에서는 좋은 직장을 구하기 위해 대학을 졸업하는 것이 유리하다는 사회적 인식이 있다. ( )

• 초·중·고·대학생 뿐만 아니라 직장인, 주부, 노인까지도 자신의 관심이나 필요에 따라 공부를 계속하는 것을 평생 교육이라고 한다. ( )

03 다음 사진과 가장 관련된 것으로 옳은 것은?

① 자유학기제
② 평생 교육
③ 대학생 멘토링
④ 신입생 오리엔테이션

04 다음 내용과 관련이 있는 것은?

대학에 진학하지 않아도 인정된 학습기관에서 일정 시간 교육을 받아 학점을 인정받으면 학위를 취득할 수 있는 제도입니다.

① 대학원
② 학점은행제
③ 이중 언어 교육
④ 평생 교육 바우처

05 한국의 대학 교육과 관련한 설명으로 옳지 <u>않은</u> 것은?

① 한국의 대학 진학률은 약 70%이다.
② 대학을 마치고 더 많은 공부가 필요한 사람은 대학원에 진학한다.
③ 요즘은 대학에 가는 대신 취업이나 창업을 하는 사례가 늘고 있다.
④ 대학생들은 학과 전공 수업 이외의 다른 활동에는 참여하지 않는 편이다.

06~07 관련 있는 내용을 서로 연결해 보시오.

06 19세 이상의 성인 중 일정 소득 수준 이하의 사람을 대상으로 정부가 제공하는 평생 교육이용권
• • ㉠ 평생 학습 계좌

07 학습 이력을 등록하고 관리하여 학력 취득, 사회 참여, 취업자료로 활용할 수 있는 증명서
• • ㉡ 평생 교육 바우처

구술형

[01~02] 다음 사진을 보고 질문에 답해 보시오.

01 위의 사진과 같이 나이에 상관없이 자신의 관심이나 필요에 따라 들을 수 있는 평생 교육에는 또 어떤 프로그램들이 있을까요?

02 ○○ 씨가 관심이 있거나 배우고 싶은 교육 분야에 대해 함께 이야기 나누어 봅시다.

문장 완성형

03 〈보기〉에서 알맞은 것을 골라 빈칸에 써 보세요.

〈보기〉
평생 교육 / 학점 / 대학 / 멘토링

• (　　　　　)에 입학하면 자기 계발을 위한 자격증, 어학 공부뿐만 아니라 친목 여행, 동아리, 봉사활동 등에도 참여한다.

• 더 많은 국민들이 (　　　　　)을/를 받을 수 있도록 행정복지센터, 도서관, 박물관, 문화센터 등에서 다양한 프로그램이 운영되고 있다.

제3부

한국의 전통과 역사

01 한국의 가족의 모습에 대한 설명으로 옳은 것은?

① 과거에는 핵가족이 많았다.
② 여전히 남자 어른 중심의 가족이 많다.
③ 최근 혼자 사는 1인 가구가 늘어나고 있다.
④ 결혼한 자녀가 부모와 함께 사는 경우가 많다.

02 다음 설명 중 맞으면 O표, 틀리면 X표를 하시오.

• 한국인은 사회에서 함께 살아가는 사람들, 즉 공동체를 중요하게 생각한다. (   )

• '우리'라는 말은 가족한테만 사용한다. (   )

03 다음 사진과 같은 가족의 모습은?

① 확대 가족
② 1인 가구
③ 한부모 가족
④ 자녀를 낳지 않는 부부

04 다음 빈칸의 들어갈 알맞은 것은?

한국인은 가족이 아니어도 가까운 관계라고 생각하면 '언니'나 '(   )', '삼촌' 등으로 부르는 경우가 많다.

① 이모
② 처남
③ 도련님
④ 아가씨

05 다음 중 공동체에 대해 잘못 말하는 사람은?

① 수잔: 한국인은 공동체를 중요시해.
② 줄리앙: 그래서 '우리'라는 표현도 자주 써.
③ 파비앙: 요즘은 공동체 의식이 더 강해졌어.
④ 아가씨: 어려운 일이 생기면 큰 힘을 보여 주지.

06~07 관련 있는 내용을 서로 연결해 보시오.

06 핵가족 •

• ㉠ 자녀가 결혼한 이후 부모와 떨어져 사는 가족의 형태

07 공동체 의식 •

• ㉡ 한국인은 함께 살아가는 사람들을 중요하게 생각함

[01~02] 다음 그림을 보고 질문에 답해 보시오.

'혼자 사는 사람(1인 가구)가 늘어나고 있다.'

01 위 그림과 같은 가족의 모습이 나타나는 이유가 무엇인가요?

02 ○○ 씨의 가족의 모습은 어떠한가요?

03 〈보기〉에서 알맞은 것을 골라 빈칸에 써 보세요.

| 〈보기〉 |

다문화 / 1인 / 우리 / 공동체

- 요즘에는 결혼을 꼭 해야 한다고 생각하는 사람이 줄어들고 (   ) 가구가 늘어나고 있다.
- 한국인은 '나'보다 '(   )'이라는/라는 표현을 자연스럽게 사용한다.

10 명절과 기념일

01 한국의 국경일에 대한 설명으로 옳지 않은 것은?

① 역사적으로 중요한 날을 국경일로 정했다.
② 국경일에는 대문이나 창문에 태극기를 단다.
③ 삼일절은 한글을 만든 것을 기념하는 날이다.
④ 광복절은 일본으로부터 나라를 되찾은 날이다.

02 다음 설명 중 맞으면 O표, 틀리면 X표를 하시오.

> • 추석에는 반달을 보며 소원을 비는 달맞이를 한다.
> ( )
>
> • 설날에는 윷놀이를 많이 한다. 윷놀이는 윷가락 네 개를 던져서 하는 놀이이다. ( )

03 다음 인물과 관련된 기념일은?

① 광복절　　　　② 한글날
③ 개천절　　　　④ 삼일절

04 다음 빈칸에 알맞은 말은?

> 5월 8일은 어버이날이다. 이날은 부모님께 고마움을 전하는 날이며 ( )을/를 선물하면서 감사의 마음을 표현한다.

① 장미
② 무궁화
③ 카네이션
④ 해바라기

05 한국의 명절과 기념일 날짜를 바르게 연결한 것은?

① 추석 – 음력 1월 1일
② 한글날 – 양력 9월 10일
③ 광복절 – 양력 8월 15일
④ 어린이날 – 음력 5월 15일

06~07 다음 명절에 먹는 음식을 서로 연결해 보시오.

06 설날 •　　　　• ㉠

07 추석 •　　　　• ㉡

구술형

[01~02] 다음 그림을 보고 질문에 답해 보시오.

01 위 사진과 같이 한국에서 부모님께 고마움을 표하는 기념일인 어버이날은 몇 월 며칠인가요?

02 ○○ 씨의 고향 나라에는 부모님께 고마움을 전하는 날이 있나요? 그날은 어떻게 감사를 표현하나요?

문장 완성형

03 〈보기〉에서 알맞은 것을 골라 빈칸에 써 보세요.

───	〈보기〉	───
송편 / 떡국 / 광복절 / 한글날		

• 설날에는 가래떡을 썰어서 끓인 (   )을/를 먹고 추석에는 쌀로 만든 반달 모양의 떡인 (   )을/를 먹는다.

• 10월 9일 (   )은/는 세종대왕이 한글을 만든 것을 기념하는 날이다.

01 '허난설헌'에 대한 설명 중 옳은 것은?

① 고려 시대에 살았다.
② 행복한 결혼 생활을 했다.
③ 여성으로서 차별을 겪지 않았다.
④ 허난설헌의 시집은 중국에서도 인기를 끌었다.

02 다음 설명 중 맞으면 O표, 틀리면 X표를 하시오.

> • 세종대왕은 사람들이 글을 쉽게 배워 쓸 수 있도록 한글을 만들었다. ( )
>
> • 첨성대는 동양에서 가장 오래된 천문대이다. ( )

03 세종대왕이 측우기를 만든 목적으로 옳은 것은?

① 음식을 만들기 위해서
② 그림을 그리기 위해서
③ 별자리를 관측하기 위해서
④ 비가 얼마나 내렸는지 재기 위해서

04 다음 글에서 설명하고 있는 인물은?

> 이 사람은 신라의 왕으로 신라가 고구려, 백제를 이기고 통일을 할 수 있는 기초를 만들었다.

① 이순신
② 안중근
③ 세종대왕
④ 선덕여왕

05 다음 괄호 안에 알맞은 것은?

> 조선 시대 임진왜란 때, 이순신은 ( )을/를 이끌고 바다에서 일본 수군과 싸워 크게 승리했다.

① 거북선
② 측우기
③ 난중일기
④ 훈민정음

06~07 화폐에 그려진 인물을 서로 연결해 보시오.

06

• ㉠ 이순신

07

• ㉡ 세종대왕

[01~02] 다음 사진을 보고 질문에 답해 보시오.

01 위 사진에 나온 건축물은 어떤 방식으로 만들었는지 이야기해 봅시다.

02 이 건축물은 무엇을 하기 위해 만든 것일까요? 그렇게 생각한 이유도 함께 말해 봅시다.

03 〈보기〉에서 알맞은 것을 골라 빈칸에 써 보세요.

─────| 〈보기〉	─────
선덕여왕 / 허난설헌 / 한글 / 거북선

- 한국 여성으로 처음으로 신라 왕위에 오른 사람은 (   )이다.
- 10월 9일 한글날은 세종대왕이 (   )을/를 만든 것을 기념하는 날이다.

12 역사가 담긴 문화유산

01 다음 보기에서 설명하는 것은?

> ┤〈보기〉├
> • 서울에 있는 궁궐이다.
> • 이 궁궐의 정문은 광화문이다.

① 화성
② 서당
③ 후원
④ 경복궁

02 다음 설명 중 맞으면 O표, 틀리면 X표를 하시오.

> • 신윤복은 화려한 색을 사용해서 여인의 모습을 섬세하게 그렸다. (   )
>
> • 창덕궁은 유네스코 세계 문화유산으로 지정되었다. (   )

03 다음과 같은 그림을 그린 이유는 무엇일까?

① 오래 살기 위해서
② 복을 누리기 위해서
③ 왕의 모습을 기록하기 위해서
④ 옛사람들이 어떻게 살았는지 알 수 있기 위해서

04 다음 빈칸에 들어갈 알맞은 말은?

> (   )는 대부분 그림을 제대로 배우지 않은 이름 없는 화가들이 그린 그림이다. 주로 꽃과 새, 호랑이와 까치 등을 그렸다.

① 민화
② 만화
③ 풍속화
④ 수채화

05 궁궐에 대한 설명으로 옳지 <u>않은</u> 것은?

① 광화문은 경복궁의 정문이다.
② 궁궐에는 왕과 왕비만 살았다.
③ 창덕궁 후원은 아름다운 정원을 말한다.
④ 경복궁은 '큰 복을 누리는 궁궐'이라는 뜻이다.

06~07 관련 있는 내용을 서로 연결해 보시오.

06 근정전 •   • ㉠ 왕과 신하가 나랏일을 하던 곳

07 경회루 •   • ㉡ 큰 잔치를 하거나 외국 손님들을 대접하던 곳

구술형

[01~02] 다음 그림을 보고 질문에 답해 보시오.

01 위 그림은 어떤 장면을 표현하였나요? 그렇게 생각한 이유도 함께 말해 봅시다.

02 ○○ 씨의 고향 나라의 유명한 문화유산에 대해 소개해 보세요.

문장 완성형

03 〈보기〉에서 알맞은 것을 골라 빈칸에 써 보세요.

— | 〈보기〉 | —

민화 / 풍속화 / 김홍도 / 창덕궁

• (　　　　　)은/는 조선 시대 왕들이 가장 오래 살았던 궁궐로, 1997년 유네스코 세계 문화유산으로 지정되었다.
• (　　　　　)은/는 왕이나 궁궐을 모습이 아니라 일반 사람들의 생활 모습을 그린 그림이다.

제 2 편

한국사회 이해(기초2)

제1부

법과 우리 생활

1 법이 필요한 이유

01 법에 대한 설명으로 옳지 <u>않은</u> 것은?

① 절대 바뀌지 않는다.
② 강제성 있는 규칙이다.
③ 해야 할 것을 규정하고 있다.
④ 사람들 간의 분쟁을 해결하기도 한다.

02 다음 설명 중 맞으면 O표, 틀리면 X표를 하시오.

• 음주 운전을 해도 사고가 발생하지 않았으면 처벌 받지 않는다 (　)

• 한국에서는 법을 통해 학교 폭력을 예방하고 해결 하기 위해 노력하고 있다. (　)

03 다음과 같은 안내판이 설치된 장소로 옳은 것은?

① 학교　　　　② 병원
③ 경찰서　　　④ 소방서

04 다음 〈보기〉와 관련된 법의 특징으로 옳은 것은?

─── | 〈보기〉 | ───
• 강력한 마약 단속
• 감염병 예방을 위한 마스크 의무화

① 개인의 권리를 보호한다.
② 법은 새롭게 만들어진다.
③ 다툼이나 갈등을 해결한다.
④ 사회 구성원의 건강과 안전을 보호한다.

05 음주 운전에 대한 설명으로 옳지 <u>않은</u> 것은?

① 법으로 금지하고 있다.
② 여러 사람의 생명을 위협할 수 있다.
③ 경찰은 주기적으로 음주 운전 단속을 한다.
④ 음주 운전자와 같이 탄 사람은 처벌받지 않는다.

06~07 관련 있는 내용을 서로 연결해 보시오.

06 개인의 권리
보호　　•
　　　　　　　•㉠

07 사회 질서 유지　•
　　　　　　　•㉡

구술형

[01~02] 다음 사진을 보고 질문에 답해 보시오.

01 위의 사진과 같이 장애인 전용 주차 구역을 설치한 이유는 무엇인가요?

02 ○○ 씨가 알고 있는 배려가 필요한 사람들을 위한 법이나 정책에는 무엇이 있나요?

서술형

03 일상생활에서 법을 지켜야 하는 이유에 대해 글을 써 보세요. (100자 이내)

01 법적인 부부로 인정받기 위해 해야 하는 것은?

① 출산　　　　　② 결혼식
③ 혼인 신고　　　④ 부모 동의

02 다음 설명 중 맞으면 O표, 틀리면 X표를 하시오.

- 부모가 자신의 아이를 학대하는 경우에도 처벌을 받는다. (　　)

- 직장에서 일을 시작하기 전에 반드시 근로 계약서를 작성해야 한다. (　　)

03 출생 신고를 담당하는 기관으로 옳은 것은?

① 병원　　　　　② 경찰서
③ 유치원　　　　④ 행정복지센터

04 아동 학대에 해당하는 경우로 옳지 <u>않은</u> 것은?

① 아동을 제대로 돌보지 않는 것
② 아동의 건강을 해롭게 하는 것
③ 아동에게 의식주를 제공하는 것
④ 아동에게 정서적 위협을 하는 것

05 다음 글의 (㉠), (㉡)에 각각 들어갈 내용으로 옳은 것은?

> 한국의 5인 이상 사업장은 1주 (㉠)시간을 넘게 일할 수 없도록 법으로 규정하였다. 다만 회사와 근로자가 합의하면 1주간에 (㉡)시간 이내로 더 일할 수 있다.

	(㉠)	(㉡)
①	30	10
②	40	12
③	50	14
④	60	16

06~07 관련 있는 내용을 서로 연결해 보시오.

06 결혼할 수 있는 나이　•　　　　•㉠ 시·군·구청

07 혼인 신고 기관　•　　　　•㉡ 18세

구술형

[01~02] 다음 사진을 보고 질문에 답해 보시오.

표준 근로 계약서(기간의 정함이 있는 경우)	7. 연차유급휴가*

_____(이하 "사업주"라 한다)과(와) _____(이하 "근로자"라 함)은 다음과 같이 근로 계약을 체결한다.

1. 근로 계약 기간: 년 월 일부터   년 월 일까지
2. 근무 장소:
3. 업무의 내용:
4. 소정 근로 시간:* 시 분부터 시 분까지
       (휴게 시간: 시 ~ 시 분)
5. 근무일/휴일: 매주   일(또는 매일 단위)근무, 주휴일 매주   요일
6. 임금
   - 월(일, 시간)급: _____ 원
   - 상여금: 있음 (   ) _____ 원, 없음 (   )
   - 기타 급여(제수당 등): 있음 (   ), 없음 (   )
     _____ 원, _____ 원
     _____ 원, _____ 원
   - 임금 지급일: 매월(매주 또는 매일) ____ 일(휴일의 경우는 전일 지급)
   - 지급 방법: 근로자에게 직접 지급 (   ),
     근로자 명의 예금 통장에 입금 (   )

7. 연차유급휴가*
   - 연차유급휴가는 근로기준법에서 정하는 바에 따라 부여함
8. 사회 보험 적용 여부(해당란에 체크)
   □ 고용보험 □ 산재보험 □ 국민연금 □ 건강 보험
9. 근로 계약서 교부
   - 사업주는 근로 계약을 체결함과 동시에 본 계약서를 사본하여 근로자의 교부 요구와 관계없이 근로자에게 교부함(근로기준법 제17조 이하)
10. 기타
    - 이 계약에 정함이 없는 사항은 근로 기준 법령에 의함

                    년   월   일

(사업주) 사업체명: (전화:)
          주   소:
          대 표 자: (서명)
(근로자) 주   소:
          연 락 처:
          성   명: (서명)

01 위의 근로 계약서에 반드시 포함되어야 하는 내용은 무엇인가요?

02 직장에서 일을 하기 전에 반드시 근로 계약서를 작성해야 하는 이유는 무엇인가요?

서술형

03 외국인 근로자가 한국에서 안정적으로 일할 수 있도록 지원하는 방안에 대해 써 보세요.

01 다음 빈칸에 들어갈 내용으로 옳은 것은?

> 한국에서는 외국인에게 무료로 법률 상담 서비스를 제공하는 '외국인을 위한 마을 (　　) 제도'를 실시하고 있다.

① 검사
② 판사
③ 피고인
④ 변호사

02 다음 설명 중 맞으면 ○표, 틀리면 ×표를 하시오.

> • 외국인 근로자 지원센터는 서울에만 있다. (　　)
>
> • 지방자치단체에서도 결혼 이민자나 유학생 등에게 법률적 도움을 주고 있다. (　　)

03 다음 빈칸에 들어갈 내용으로 옳은 것은?

① 일심 제도
② 이심 제도
③ 삼심 제도
④ 사심 제도

04 한국에서의 재판에 대한 설명으로 옳은 것은?

① 경찰서에서 재판이 이루어진다.
② 이혼과 관련된 재판은 형사 재판이다.
③ 외국인 재판 시 통역은 지원되지 않는다.
④ 법에 따라 옳고 그름을 가리는 과정이다.

05 소년 보호 재판에 대한 설명으로 옳은 것은?

① 개인 간의 분쟁을 해결하는 재판
② 가족 간의 다툼을 해결하는 재판
③ 청소년의 범죄 사건을 해결하는 재판
④ 사회 질서를 위협하는 범죄 사건 재판

06~07 관련 있는 내용을 서로 연결해 보시오.

06 민사 재판　•

07 형사 재판　•

• ㉠ 범죄 사건에 적용되는 재판

• ㉡ 개인 간의 분쟁을 해결하는 재판

[01~02] 다음 사진을 보고 질문에 답해 보시오.

01 위의 사진은 무엇을 하고 있는 장면인가요?

02 만약 ○○ 씨가 위의 사진과 같은 기회가 주어진다면 어떤 내용으로 상담을 받고 싶은지 말해 보세요.

03 ○○ 씨가 한국에서 생활하면서 법을 잘 몰라서 어려움을 겪었던 경험에 대해 글로 써 보세요. (100자 이내)

01 다음 빈칸에 공통으로 들어갈 말로 옳은 것은?

> [재한(   )처우기본법]
> : 한국 사회에서 (   )이/가 잘 정착하고 안정
>   적인 생활을 할 수 있도록 지원하는 법

① 시민 　　　　② 사람
③ 국민 　　　　④ 외국인

02 다음 설명 중 맞으면 ○표, 틀리면 ×표를 하시오.

> • 한국에 거주하고 있는 동포의 수는 점점 줄어들고
>   있다. (   )
>
> • 재외 동포 비자 자격(F-4)을 부여할 수 있는 대상이
>   확대되었다. (   )

03 다음 내용과 가장 관련된 것으로 옳은 것은?

① 세금 납부 　　　　② 범죄 예방
③ 세계인의 날 안내 　　④ 건강 보험 가입

04 다음 빈칸에 들어갈 내용으로 옳은 것은?

> 한국에 (   ) 이상 거주하는 외국인은 건강 보험
> 에 가입해야 한다.

① 3개월 　　　　② 4개월
③ 5개월 　　　　④ 6개월

05 다음 제시된 프로그램의 공통점으로 옳은 것은?

> • 조기 적응 프로그램
> • 사회통합프로그램

① 외국어교육 강화
② 한국 사회 적응 지원
③ 직업 체험 기회 제공
④ 세계 시민 교육 활성

06~07 관련 있는 내용을 서로 연결해 보시오.

06 세계인의 날　•

07 4세대　•

• ㉠　2019년에는 법을 개정
하여 이 세대 이후 동
포도 재외 동포 범위
에 포함함

• ㉡　매년 5월 20일, 다양한
사람들이 서로 소통하
고 교류할 수 있는 자
리를 마련함

[01~02] 다음 사진을 보고 질문에 답해 보시오.

01 사진은 어떤 장면을 나타내고 있나요?

02 ○○ 씨가 한국에서 여러 나라의 사람들과 함께 참여했던 행사나 프로그램 중에 특별히 기억에 남는 것은 무엇인가요?

03 ○○ 씨 고향 나라의 기초 질서 지키기와 관련된 법 중에서 한국과 비슷한 사례 한 가지, 다른 사례 한 가지에 대해 글로 써 보세요. (100자 이내)

제2부
정치와 우리 생활

5 민주주의가 걸어온 길

01 민주주의에 대한 설명으로 옳은 것은?

① 대통령이 나라의 주인이다.
② 국민의 대표는 추첨으로 뽑는다.
③ 인간 존엄성을 실현하고자 한다.
④ 나라의 중요한 일은 부자가 정한다.

02 다음 설명 중 맞으면 ○표, 틀리면 ×표를 하시오.

- 한국은 15세부터 선거에 참여할 수 있다. ( )

- 민주주의 사회에서는 자신의 의견을 자유롭게 표현할 수 있다. ( )

03 다음 사진은 무엇을 하는 모습인가?

① 선거   ② 공부
③ 운동회   ④ 분리수거

04 다음 내용과 관련 있는 것은?

사람은 누구나 존중받아야 한다는 것을 의미한다. 이를 실현하기 위해서는 자유와 평등이 필요하다.

① 권리
② 헌법
③ 투표
④ 인간의 존엄성

05 다음 괄호 안에 공통으로 들어갈 말은?

국민이 나라의 주인으로서 나라를 직접 다스리는 방식을 (   )이라고/라고 한다. (   ) 국가의 주권은 국민에게 있다.

① 왕
② 귀족
③ 군주제
④ 민주주의

06~07 〈보기〉에서 알맞은 것을 골라 빈칸에 써 보시오.

| 〈보기〉 |

평등 / 자유 / 민주주의 / 주권

06 민주주의 국가의 (   )은/는 국민에게 있고 나라의 아주 큰 사건을 국민이 직접 결정한다.

07 (   )이란/란 국가나 다른 사람으로부터 간섭을 받지 않고 스스로 자신의 일을 할 수 있는 것을 말한다.

[01~02] 다음 그림을 보고 질문에 답해 보시오.

01 위의 그림처럼 다수결로 결정할 때 주의해야 할 점은 무엇인가요?

02 ○○ 씨의 고향 나라에서는 국민의 자유와 평등을 위해 어떤 일을 하고 있나요?

03 ○○ 씨는 어떤 일을 결정하거나 다툼을 해결할 때, 어떤 방법으로 해결하는지 써 보세요. (100자 이내)

01 한국의 선거 원칙에 대한 설명으로 옳은 것은?

① 어린이도 투표할 수 있다.
② 반드시 1인 1표씩 행사한다.
③ 자신이 찍는 후보를 공개해야 한다.
④ 투표는 다른 사람에게 부탁해도 된다.

02 다음 설명 중 맞으면 ○표, 틀리면 ×표를 하시오.

- 대통령 선거는 5년마다 실시하고, 대통령은 한 번만 할 수 있다. (　　)

- 지방자치단체장은 선거로 뽑고 교육감은 대통령이 정한다. (　　)

03 국회의원 선거는 몇 년마다 실시되는가?

① 2년　　　　　② 4년
③ 6년　　　　　④ 8년

04 법을 만드는 일을 하는 사람은?

① 판사
② 경찰
③ 변호사
④ 국회의원

05 다음 내용과 관련 있는 것은?

도지사나 시장, 구청장 등 지역을 대표하여 일할 사람을 뽑는 선거

① 지방 선거
② 국민 투표
③ 대통령 선거
④ 국회의원 선거

06~07 〈보기〉에서 알맞은 것을 골라 빈칸에 써 보시오.

| 〈보기〉 |
지방 선거 / 보통 선거 / 평등 선거 / 선거관리위원회

06 (　　　　　) 원칙에 따라 18세 이상 국민이면 누구나 투표할 수 있다.

07 (　　　　　)는 선거에 나선 후보자들이 법을 어기지 않는지 선거 운동을 관리한다.

[01~02] 다음 사진을 보고 질문에 답해 보시오.

01 위의 사진과 같이 선거를 통해 대표자를 뽑으면 좋은 점은 무엇인가요?

02 ○○ 씨의 고향 나라에서 지역의 대표(시장 등)는 어떻게 뽑나요?

서술형

03 ○○ 씨가 지역의 대표(시장, 구청장 등)가 된다면 지역을 위해 하고 싶은 일을 써 보세요.

7 한국의 국가 권력

01 다음 내용과 관련 있는 사람은?

> • 행정부의 최고 책임자
> • 국무회의를 열어 나라의 중요한 일을 결정함

① 장관
② 대통령
③ 공무원
④ 국회의원

02 다음 설명 중 맞으면 O표, 틀리면 X표를 하시오.

> • 법무부는 사법부에 속한다. (   )
>
> • 법원의 종류에는 대법원, 고등법원, 지방법원 등이 있다. (   )

03 다음 사진과 관련 있는 곳은?

① 국회   ② 법원
③ 정부   ④ 경찰서

04 국회에서 하는 일이 <u>아닌</u> 것은?

① 법을 만든다.
② 이미 있던 법을 고친다.
③ 다툼에 대해 재판을 한다.
④ 나랏일을 잘하는지 확인한다.

05 한국의 대통령에 대한 설명으로 옳은 것은?

① 국회에서 법을 만든다.
② 다른 나라와의 조약을 체결한다.
③ 재판을 통해 옳고 그름을 판단한다.
④ 헌법재판소장이 대통령의 역할을 대신한다.

06~07 〈보기〉에서 알맞은 것을 골라 빈칸에 써 보시오.

> | 〈보기〉 |
> 국회의원 / 총선거 / 재판 / 국회

06 (   )은/는 나라에 필요한 법을 만드는 일을 한다.

07 (   )은/는 법원이 법을 해석하고 적용하면서 옳고 그름을 판단하는 것을 가리킨다.

[01~02] 다음 사진을 보고 질문에 답해 보시오.

01 나랏일을 하는 행정부에는 어떤 부서가 있나요? 이야기해 봅시다.

02 ○○ 씨의 고향에서 나랏일을 하는 기관을 소개해 봅시다.

03 ○○ 씨가 한국에서 가본 적이 있거나 도움을 받은 행정 기관에 대해 써 보세요.

01 다음 중 6·25 전쟁에 대해 옳은 것은?

① 1953년에 시작되었다.
② 전쟁 이후 바로 통일하였다.
③ 북한의 침략으로 시작되었다.
④ 아직도 남한과 북한은 전쟁 중이다.

02 다음 설명 중 맞으면 〇표, 틀리면 ×표를 하시오.

- 6·25 전쟁으로 헤어진 가족들이 많이 생겼다. 이들을 이산가족이라고 한다. ( )

- 남한과 북한이 교류하면서 국제 사회의 지지를 얻어낸다면 남북통일에 다가갈 수 있다. ( )

03 다음 사진과 관련 있는 곳은?

① 국회　　　　② 법원
③ 판문점　　　④ 청와대

04 다음과 관련된 인물은 누구인가?

- 한국인 최초로 UN 사무총장으로 일함
- 빈곤과 기후 위기를 해결하기 위해 노력함

① 반기문
② 봉준호
③ 김연아
④ BTS

05 다음 나라와 협력하는 한국의 모습이 아닌 것은?

① 구조대 파견
② 구호 물품 전달
③ 미사일 개발 참여
④ 평화 유지군 활동

06~07 〈보기〉에서 알맞은 것을 골라 빈칸에 써 보시오.

| 〈보기〉 |

여권 / 휴전선 / 남북 정상 회담 / 유엔 평화 유지군

06 한국의 국군은 해외 분쟁 지역에서 (　　　　　　) 활동을 하고 있다.

07 과거 (　　　　　　)을 통해 남한의 대통령과 북한의 최고 지도자가 한반도의 평화에 힘을 모으기로 약속하기도 하였다.

구술형

[01~02] 다음 사진을 보고 질문에 답해 보시오.

01 위의 사진은 어떤 장면을 나타내고 있나요?

[ ]

02 고향 나라에 있는 그리운 가족이나 친지에게 안부 메시지를 전해 보세요.

[ ]

서술형

03 ○○ 씨의 고향 나라에서 유명한 한국 사람이 있나요? 아니면 고향 나라에 소개하고 싶은 한국 사람은 누구인지 글로 써 보세요. (100자 이내)

[ ]

제3부

경제와 우리 생활

9 한국에서 쇼핑하기

01 다음 장소의 공통점으로 옳은 것은?

> • 대형 마트   • 전통 시장
> • 편의점   • 백화점

① 관광   ② 쇼핑
③ 공부   ④ 저축

02 다음 설명 중 맞으면 ○표, 틀리면 ×표를 하시오.

> • 최근 한국에서는 온라인 쇼핑을 이용하는 사람들
>   이 점점 줄어들고 있다. ( )
>
> • 한국에서는 현금을 사용하는 사람들이 점점 줄어
>   들고 있다. ( )

03 다음 사진과 같은 결제 방법은?

① 현금   ② 계좌 이체
③ 신용 카드   ④ 간편 결제 서비스

04 간편 결제 서비스에 대한 설명으로 옳은 것은?

① 정해진 시간에만 결제할 수 있다.
② 신분증만 있어도 결제할 수 있다.
③ 제로페이, 카카오페이, 삼성페이 등이 있다.
④ 사용자가 많아지면서 결제 속도가 느려지고 있다.

05 다음 빈칸에 들어갈 공통으로 들어갈 내용으로 옳은 것은?

> 한국에서의 온라인 쇼핑은 (   ) 문화와도 관련이
> 깊다. 한국에서는 물건 (   )이/가 매우 빠르게 이
> 루어진다. 물건을 주문한 당일이나 다음 날 새벽에
> (   )해 주기도 한다.

① 배송   ② 할인
③ 지출   ④ 제테크

06~07 〈보기〉에서 알맞은 것을 골라 빈칸에 써 보시오.

> | 〈보기〉 |
> 계좌 / 현금 / 편의점 / 전통 시장

06 1인 가구의 증가와 함께 소규모 상품에 대한 수요가
늘어나면서 (   )을/를 이용하는 사람도 많다.

07 신용 카드는 할부 서비스를 이용할 수 있고, 당장
(   )이/가 없어도 상품을 살 수 있다는 장점이
있다.

구술형

[01~02] 다음 사진을 보고 질문에 답해 보시오.

01 위 사진과 같은 결제 방법의 장점은 무엇인가요?

02 ○○ 씨는 한국에서 물건을 구입할 때, 주로 어디에서 쇼핑을 하나요? 그리고 자주 활용하는 결제 방법과 그 이유를 함께 말해 보세요.

서술형

03 ○○ 씨 고향 나라 사람들은 주로 어디에서 쇼핑을 하나요? 한국의 쇼핑 장소와 비슷한 점과 다른 점을 써 보세요. (100자 이내)

10 돈 관리 방법

01 통장을 만들 때 반드시 필요한 것으로 옳은 것은?

① 사진　　　　　② 신분증
③ 신용 카드　　　④ 체크 카드

02 다음 설명 중 맞으면 ○표, 틀리면 ×표를 하시오.

- 모바일 뱅킹으로 언제 어디서나 빠르게 은행 업무를 볼 수 있다. (　　)

- 돈을 모으려면 당장 필요하지 않더라도 다양한 물건을 미리 사 놓는 것이 좋다. (　　)

03 다음과 같은 돈 관리 방법은?

정해진 기간 동안 꾸준히 돈을 입금

① 적금　　　　　② 예금
③ 주식　　　　　④ 부동산

04 인터넷 전문 은행에 대한 설명으로 옳은 것은?

① 각 지역별로 지점이 있다.
② 오전 9시부터 이용할 수 있다.
③ 온라인 네트워크만으로 거래를 할 수 있다.
④ 한국은행은 대표적인 인터넷 전문 은행이다.

05 효과적인 돈 관리 방법으로 옳지 <u>않은</u> 것은?

① 자산 관리 앱을 사용한다.
② 저축을 하기보다는 지출을 많이 한다.
③ 규칙적으로 나가는 돈은 미리 준비한다.
④ 돈 관리를 위해 금융 기관에서 상담을 받는다.

06~07 〈보기〉에서 알맞은 것을 골라 빈칸에 써 보시오.

> ┤〈보기〉├
>
> 통장 / 이자 / 저축 / 가계부

06 정기 예금은 정해진 기간 동안 일정한 돈을 은행에 맡겨 두고 기간이 끝나면 (　　　　)과/와 함께 찾는 방법이다.

07 돈이 들어오고 나가는 것을 (　　　　)에 정리해 두면 자신이 어디에 돈을 썼는지, 자신의 소비 습관을 한눈에 알 수 있다.

[01~02] 다음 사진을 보고 질문에 답해 보시오.

01 위 사진과 같은 모바일 앱으로 돈 관리를 할 때의 좋은 점은 무엇인가요?

02 ○○ 씨는 돈을 모으기 위해 어떤 방법을 활용하고 있나요? ○○ 씨의 돈 관리 방법을 2가지 이상 말해 보세요.

03 ○○ 씨에게 만약 100만 원이 상금으로 주어진다면 이 돈을 어디에 쓰고 싶은지 써 보세요. (100자 이내)

11 경제적인 주거 생활

01 한국에서 원룸이 인기가 높은 이유로 옳은 것은?

① 1인 가구 증가
② 층간 소음 예방
③ 공유 주택 활성화
④ 주택청약종합저축 가입

02 다음 설명 중 맞으면 ○표, 틀리면 ×표를 하시오.

- 한국의 아파트에서는 층간 소음 등의 문제가 발생할 수 있다. (   )

- 주택청약종합저축에 가입해야 새로 지은 아파트나 공공 임대 주택을 신청할 수 있다. (   )

03 다음 사진과 같은 집의 형태로 옳은 것은?

① 원룸   ② 빌라
③ 아파트   ④ 단독

04 주택청약종합저축 가입 조건에 대한 설명으로 옳은 것은?

① 나이 제한이 있다.
② 1인 2통장이 가능하다.
③ 외국인은 가입할 수 없다.
④ 집이 있는 사람도 가입할 수 있다.

05 다음에서 설명하는 집의 형태로 옳은 것은?

- 월세와 생활비 부담이 적음
- 방은 각자 따로 쓰고 거실, 부엌 등을 함께 씀

① 빌라   ② 오피스텔
③ 단독 주택   ④ 공유 주택

06~07 관련 있는 내용을 서로 연결해 보시오.

06 전세 •

                • ㉠ 집주인에게 보증금을 맡기고 집을 빌린 뒤, 계약 기간이 끝나면 보증금을 다시 돌려받는 것

07 월세 •

                • ㉡ 집주인에게 매달 일정한 돈을 내고 집을 빌리는 방식

[01~02] 다음 사진을 보고 질문에 답해 보시오.

아파트 거주 비율(단원: %)

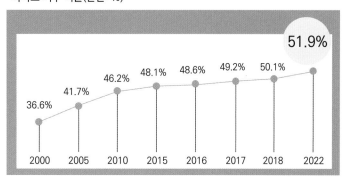

51.9%

36.6% 41.7% 46.2% 48.1% 48.6% 49.2% 50.1%

2000 2005 2010 2015 2016 2017 2018 2022

(출처: 통계청, 2023)

01 위 그래프를 통해 한국에서 아파트에 거주하는 비율은 어떤 변화를 보이고 있는지 말해 보세요.

02 한국인들이 아파트를 선호하는 이유는 무엇인가요? ○○ 씨의 의견을 말해 보세요.

03 ○○ 씨 고향 나라와 한국의 주거 형태의 비슷한 점과 다른 점을 써 보세요. (100자 이내)

01 다음에서 설명하는 내용으로 옳은 것은?

> • 어떤 일을 하는 데 알맞은 성격과 능력

① 관심   ② 적성
③ 창의성   ④ 호기심

02 다음 설명 중 맞으면 O표, 틀리면 ×표를 하시오.

> • 세월이 흘러도 한국의 청소년이 선호하는 직업 1순위는 운동선수이다. (　　)
>
> • 한국에서는 대학을 졸업하면 모두 희망하는 직장에 취업할 수 있다. (　　)

03 다음 조사를 통해 알 수 있는 한국의 초·중·고 학생이 공통으로 선호하는 직업은?

	초등학생	중학생	고등학생
	2019년	2019년	2019년
1위	운동선수	교사	교사
2위	교사	의사	경찰관
3위	크리에이터	경찰관	간호사
4위	의사	운동선수	컴퓨터 공학자/소프트웨어 개발자
5위	조리사(요리사)	뷰티 디자이너	군인

(출처: 교육부&한국직업능력개발원, 2019)

① 군인   ② 교사
③ 운동선수   ④ 크리에이터

04 한국의 직장에 대한 설명으로 옳지 <u>않은</u> 것은?

① 모든 직장은 정년을 보장하고 있다.
② 일자리는 경제 상황에 따라 달라진다.
③ 대기업에 들어가기 위해 경쟁이 치열하다.
④ 일과 삶의 균형을 추구하는 사람들이 늘고 있다.

05 적성 검사 서비스를 제공하는 누리집은?

① 워크넷   ② 사이버캅
③ K스타트업   ④ 생활법령정보

06~07 〈보기〉에서 알맞은 것을 골라 빈칸에 써 보시오.

> | 〈보기〉 |
>
> 워라밸 / 운동 / 일 / 경쟁

06 사람들은 (　　　)을 통해 자신의 가치를 깨닫고 생활에 필요한 돈을 번다.

07 최근 일과 삶의 균형을 뜻하는 (　　　)도 직장 선택에서 중요한 기준으로 떠오르고 있다.

[01~02] 다음 사진을 보고 질문에 답해 보시오.

01 위 사진과 같이 취업 박람회에서 도움을 받을 수 있는 것은 무엇이 있을까요?

02 만약 ○○ 씨가 한국에서 직업을 갖는다면 어떤 노력이 필요할지 말해 보세요.

서술형

03 한국과 ○○ 씨 고향 나라에서 선호하는 직업에 대해 비슷한 점과 다른 점을 써 보세요. (100자 이내)

제1편 한국사회 이해(기초1)

제1부 한국사회 이모저모

1. 한국 소개

[형성평가] 1. ④ 2. ×, ○ 3. ④ 4. ③ 5. ④ 6. ㉠ 7. ㉡

[구술형] 1. 한국의 국기인 태극기예요. 하얀 바탕에 태극 문양과 검은색 막대 모양인 괘로 이루어져 있어요. 태극은 조화를, 네 괘는 하늘, 불, 물, 땅을 상징해요.

2. (예) 베트남의 국화는 연꽃이에요. 연꽃은 자유와 독립이라는 뜻을 가지고 있어요.

[문장 완성형] 3. 상징, 노인

2. 편리한 교통과 통신

[형성평가] 1. ② 2. ○, × 3. ④ 4. ④ 5. ③ 6. ㉡ 7. ㉠

[구술형] 1. 버스나 지하철을 이용할 때 노선이나 교통수단을 바꿀 수 있어요. 이것을 하면 요금을 할인받을 수 있어요.

2. (예) 고향에서 사람들이 많이 이용하는 대중교통은 버스예요. 버스는 가고 싶은 곳까지 빠르게 갈 수 있어요. 하지만 출퇴근 시간에는 버스 안에 사람이 많아서 복잡해요. 그리고 고향에서는 환승이 안 돼요.

[문장 완성형] 3. 고속철도, 인터넷

3. 국민의 건강과 안전

[형성평가] 1. ④ 2. ×, ○ 3. ③ 4. ④ 5. ④ 6. ㉡ 7. ㉠

[구술형] 1. 생애 주기별 건강검진에 대해 설명하고 있어요. 이것을 하면 질병을 미리 예방할 수 있어요.

2. (예) 저는 건강을 위해서 매일 아침에 운동을 하고 있어요. 가까운 공원에서 조깅을 하는데 운동을 하면 하루 종일 피곤하지 않고 다리 건강에 좋아요.

[문장 완성형] 3. 안전신문고, 안전 위험 요인, 위치와 내용

4. 모두가 행복한 삶

[형성평가] 1. ① 2. ○, × 3. ② 4. ② 5. ④ 6. ㉠ 7. ㉡

[구술형] 1. 하이코리아에 대해 설명하고 있어요. 하이코리아에서 비자와 한국 생활 정보를 얻을 수 있고, 재입국 허가를 신청하면 수수료를 감면받을 수 있어요.

2. (예) 저는 하이코리아에서 방문 예약을 신청해 봤어요. 원하는 날짜에 비자 연장을 할 수 있어서 정말 편리했어요.

[문장 완성형] 3. 자녀, 진료비, 의료 기관

제2부 한국의 문화와 교육

5. 한국의 대중문화
[형성평가] 1.④ 2.○, × 3.② 4.② 5.② 6.㉠ 7.㉡
[구술형] 1.(예) 드라마 '이상한 변호사 우영우'에서 주인공인 우영우가 즐겨 먹는 '김밥'이 기억에 남습니다.
　　　　2.(예) 제가 처음으로 먹어 본 한국 음식이 '김치찌개'였습니다. 처음에는 그 매운맛이 조금 낯설었지만, 고소한 돼지
　　　　　　　고기와 잘 어울리는 김치의 맛이 매우 특별하다고 느꼈습니다.
[문장 완성형] 3. 영화, 드라마

6. 휴식이 있는 삶
[형성평가] 1.② 2.○, × 3.④ 4.② 5.① 6.㉡ 7.㉠
[구술형] 1.(예) 지역에서 열리는 축제 현장 사진입니다.
　　　　2.(예) 우리 지역에서는 매년 4월에 벚꽃축제가 열리고 다양한 공연과 체육 행사가 함께 진행됩니다.
[문장 완성형] 3. 꽃놀이, 비싼

7. 한국의 보육과 학교 교육
[형성평가] 1.① 2.○, ○ 3.④ 4.② 5.③ 6.㉡ 7.㉠
[구술형] 1.(예) 다문화 가정의 유아를 위한 언어 지원 등 서로를 이해하고 존중하는 맞춤형 교육이 이루어 집니다.
　　　　2.(예) 우리 지역에는 O개의 다문화 유치원이 있고, 매년 그 수가 조금씩 늘고 있습니다.
[문장 완성형] 3. 중학교, 누리 과정

8. 한국의 대학과 평생 교육
[형성평가] 1.① 2.○, ○ 3.② 4.② 5.④ 6.㉡ 7.㉠
[구술형] 1.(예) 한글, 악기, 요리, 미용, 용접, 꽃꽂이, 공예 등 직업 훈련부터 문화 예술 교육, 학력보완 교육, 기초 문해교육, 인
　　　　　　　문 교양 교육 등 다양한 교육이 있습니다.
　　　　2.(예) 저는 요즘 발레를 배우고 싶어져서 지역 행정복지센터에서 운영하는 발레교실의 등록 방법을 찾아보았
　　　　　　　습니다.
[문장 완성형] 3. 대학, 평생 교육

제3부 한국의 전통과 역사

9. 가족과 공동체

[형성평가] 1. ③ 2. ○, × 3. ① 4. ① 5. ③ 6. ㉠ 7. ㉡

[구술형] 1. (예) 최근에는 결혼이 꼭 필요하다고 생각하지 않는 사람이 늘어나면서 1인 가구가 늘어나고 있는 것 같습니다.

2. (예) 저의 가족은 확대 가족입니다. 할아버지, 할머니, 삼촌, 부모님과 같이 살고 있습니다.

[문장 완성형] 3. 1인, 우리

10. 명절과 기념일

[형성평가] 1. ③ 2. ×, ○ 3. ② 4. ③ 5. ③ 6. ㉡ 7. ㉠

[구술형] 1. (예) 한국의 어버이날은 5월 8일입니다.

2. (예) 저의 고향 나라에서는 어머니의 날이 있습니다. 이날 부모님께 감사의 마음으로 선물을 전합니다.

[문장 완성형] 3. 떡국, 송편, 한글날

11. 한국의 역사적 인물

[형성평가] 1. ④ 2. ○, ○ 3. ④ 4. ④ 5. ① 6. ㉡ 7. ㉠

[구술형] 1. (예) 주변에 돌을 깎아서 탑처럼 쌓아서 만들었을 것 같습니다.

2. (예) 이곳은 별자리를 관찰하는 천문대입니다. 왜냐하면 높이 올라가면 별을 잘 관찰할 수 있기 때문입니다.

[문장 완성형] 3. 선덕여왕, 한글

12. 역사가 담긴 문화유산

[형성평가] 1. ④ 2. ○, ○ 3. ④ 4. ① 5. ② 6. ㉠ 7. ㉡

[구술형] 1. (예) 과거 한국의 학교 모습을 표현하였다고 생각합니다. 그림에 나온 어른은 선생님이고, 아이들은 책을 보면서 공부하는 것 같습니다.

2. (예) 저의 고향에는 '보타닉 가든'이라는 대형 식물원이 세계 문화유산으로 지정되어 있습니다.

[문장 완성형] 3. 창덕궁, 풍속화

제2편 한국사회 이해(기초2)

제1부 법과 우리 생활

1. 법이 필요한 이유
[형성평가] 1.① 2.×,○ 3.① 4.④ 5.④ 6.㉠ 7.㉡

[구술형] 1.(예) 사회적 약자인 장애인의 권리를 보호하기 위해서입니다.

2.(예) 지하철에는 임산부나 노약자를 위해 배려 좌석이 있습니다.

[서술형] 3.(예) 우리 사회에는 다양한 사람들이 살아가고 있습니다. 따라서 서로의 안전과 권리를 보호하고, 행복하게 살아가기 위해서는 법을 지켜야 합니다.

2. 일상생활 속의 법
[형성평가] 1.③ 2.○,○ 3.④ 4.③ 5.② 6.㉡ 7.㉠

[구술형] 1.(예) 근로 기간, 근로 시간, 근로 장소, 업무 내용, 임금, 휴일 등이 포함되어야 합니다.

2.(예) 근로자로서의 권리를 법적으로 충분히 보호받을 수 있기 때문입니다.

[서술형] 3.(예) 한국어 의사소통이 어려운 외국인이 근로 계약서를 작성할 때 도움을 줄 수 있는 인력을 배치합니다. 그리고 외국인-내국인 근로자가 서로 교류할 수 있는 프로그램을 운영합니다.

3. 법으로 문제를 해결해요
[형성평가] 1.④ 2.×,○ 3.③ 4.④ 5.③ 6.㉡ 7.㉠

[구술형] 1.(예) 외국인을 대상으로 한 법률 상담 모습입니다.

2.(예) 제가 취업할 수 있는 직장에 대해 상담받고 싶습니다.

[서술형] 3.(예) 제 비자 자격으로 아르바이트가 가능한지, 아르바이트를 할 수 있다면 어떤 절차를 거쳐야 하는지 잘 몰라서 어려움을 겪었던 적이 있습니다.

4. 한국 사회 구성원으로 살아요
[형성평가] 1.④ 2.×,○ 3.① 4.④ 5.② 6.㉡ 7.㉠

[구술형] 1.(예) 제16회 세계인의 날 기념식 모습입니다.

2.(예) 제가 살고 있는 지역의 세계인의 날 축제에 참여하여 고향 나라의 놀이를 소개해 주는 코너를 진행하였습니다.

[서술형] 3.(예) 길에 쓰레기나 담배꽁초를 버리지 않아야 하는 것은 비슷하지만, 한국에서 보행자는 보도에서 우측 통행을 원칙으로 하지만, 고향 나라에서는 좌측 통행을 합니다.

5. 민주주의가 걸어온 길

[형성평가] 1. ③ 2. ×, ○ 3. ① 4. ④ 5. ④ 6. 주권 7. 자유

[구술형] 1. (예) 다수결의 원칙도 좋지만 소수의 의견도 존중 받아야 합니다.

2. (예) 저의 고향 나라에서는 국민의 자유와 평등을 위해 법을 잘 만들고 지키려고 노력합니다.

[서술형] 3. (예) 저는 어떤 일을 결정하거나 다툼이 발생했을 때 원인과 결과를 잘 따져보며 상대방과 대화로 해결하려고 노력합니다.

6. 국민의 손으로 뽑는다

[형성평가] 1. ② 2. ○, × 3. ② 4. ④ 5. ① 6. 보통 선거 7. 선거관리위원회

[구술형] 1. (예) 선거를 통해 대표자를 뽑으면 능력을 갖춘 대표를 선발할 수 있습니다.

2. (예) 저의 고향 나라에서도 지역의 대표인 도지사를 선거로 뽑습니다. 한국과 같이 4년마다 실시합니다.

[서술형] 3. (예) 제가 지금 살고 있는 지역의 시장이 된다면 한국인과 외국인이 함께 잘사는 지역을 만들려고 노력할 것입니다.

7. 한국의 국가 권력

[형성평가] 1. ② 2. ×, ○ 3. ② 4. ③ 5. ② 6. 국회의원 7. 재판

[구술형] 1. (예) 행정부에는 교육부, 경찰청, 법무부, 보건복지부가 있습니다.

2. (예) 저의 고향 나라에서도 교육부, 경찰청뿐만 아니라 외교부 등이 있습니다.

[서술형] 3. (예) 저는 교육부에 속해 있는 지역의 교육청에 간 적이 있습니다. 자녀의 입학을 알아보기 위해 교육청에 가서 도움을 받았습니다.

8. 남북통일과 세계

[형성평가] 1. ③ 2. ○, ○ 3. ③ 4. ① 5. ③ 6. 유엔 평화 유지군 7. 남북 정상 회담

[구술형] 1. (예) 가족이 아주 오랜만에 만나고 있는 모습인 것 같습니다. 이산가족으로 보입니다.

2. (예) 사랑하는 부모님, 건강히 잘 지내시나요? 저는 한국에서 잘 지내고 있습니다. 얼른 다시 만나길 기대하고 있습니다.

[서술형] 3. (예) 저는 고향 나라에서 유명한 한국 사람은 바로 축구 선수 손흥민입니다. 영국에서도 인기가 많지만, 저의 고향 나라에서도 그를 좋아하는 사람이 많습니다.

제3부 경제와 우리 생활

9. 한국에서 쇼핑하기

[형성평가] 1. ② 2. ×, ○ 3. ③ 4. ③ 5. ① 6. 편의점 7. 현금

[구술형] 1. (예) 스마트폰에 은행 계좌, 신용 카드, 체크 카드 등을 미리 등록해 놓고, 어디에서나 간편하게 바로 결제할 수 있습니다.

2. (예) 한국에서는 주로 대형 마트를 이용합니다. 그리고 스마트폰을 자주 사용하는데 그 이유는 할인을 받을 수 있기 때문입니다.

[서술형] 3. (예) 고향 나라에서는 쇼핑할 때 주로 대형 마트를 이용합니다. 비교적 가격이 싸다는 것은 한국과 비슷하지만 24시간 쉬는 날이 없다는 것은 다른 점입니다.

10. 돈 관리 방법

[형성평가] 1. ② 2. ○, × 3. ① 4. ③ 5. ② 6. 이자 7. 가계부

[구술형] 1. (예) 자신이 가입한 통장, 카드 등을 한눈에 볼 수 있고, 돈이 들어오고 나가는 상황에 맞추어 자신에게 적절한 소비 방법도 알 수 있습니다.

2. (예) 적금에 가입하여 꾸준히 돈을 입금하고 있고, 가계부를 사용합니다.

[서술형] 3. (예) 100만 원이 주어진다면 50만 원은 통장에 입금하겠습니다. 그리고 가족 저녁 식사로 10만원을 지출하고, 나머지 40만 원으로는 휴가 비용으로 사용하겠습니다.

11. 경제적인 주거 생활

[형성평가] 1. ① 2. ○, ○ 3. ③ 4. ④ 5. ④ 6. ㉠ 7. ㉡

[구술형] 1. (예) 아파트에 거주하는 사람들이 지속적으로 늘어나고 있습니다.

2. (예) 아파트는 대체로 교통도 좋고 놀이터 등과 같은 편의 시설이 잘 갖춰져 있기 때문입니다.

[서술형] 3. (예) 고향 나라에서도 최근 대단지 아파트가 많이 건설되고 있습니다. 이러한 점은 한국과 비슷하지만, 여전히 많은 사람들이 주로 단독 주택에 가족과 함께 거주하고 있습니다.

12. 한국 사회 구성원으로 살아요

[형성평가] 1. ② 2. ×, × 3. ② 4. ① 5. ① 6. 일 7. 워라밸

[구술형] 1. (예) 자기소개서 작성, 면접 방법 등을 상담받을 수 있습니다.

2. (예) 우선 한국어 실력을 키워야 하겠고, 원하는 직장에 요구하는 능력을 증명하기 위해서 자격증을 취득해야 할 것 같습니다.

[서술형] 3. (예) 고향 나라에서도 교사에 대한 선호도가 높은 편입니다. 한국에서는 프로게이머 직업을 희망하는 청소년들이 적지 않지만, 고향 나라에서는 프로게이머 직업에 대한 관심도가 낮습니다.

연구진	설규주 (경인교육대학교 사회과교육과 교수)
	김찬기 (한국이민재단 교육국 국장)
집필진	최수진 (한국다문화교육연구원 사회통합프로그램 강사)
	장현성 (한국이민재단 사회통합프로그램 강사)
	박원진 (초당초등학교 교사)
	이신애 (인천인주초등학교 교사)

사회통합프로그램[KIIP]

한국사회 이해 기초 탐구활동

법무부 사회통합프로그램 지정 교재
법무부 귀화적격시험 활용 교재

초판발행	2024년 8월 20일
기획 · 개발	법무부 출입국·외국인정책본부
펴낸이	노현
펴낸곳	㈜피와이메이트
	서울특별시 금천구 가산디지털2로 53 한라시그마밸리 210호(가산동)
	등록 2014.2.12. 제2018－000080호
전화	02)733－6771
팩스	02)736－4818
홈페이지	www.pybook.co.kr
e-mail	pys@pybook.co.kr
값	7,000원
ISBN	979－11－86140－58－1(13300)

© 2024 법무부 출입국 · 외국인정책본부